# BEI GRIN MACHT SICH IHR WISSEN BEZAHLT

- Wir veröffentlichen Ihre Hausarbeit, Bachelor- und Masterarbeit

- Ihr eigenes eBook und Buch - weltweit in allen wichtigen Shops

- Verdienen Sie an jedem Verkauf

Jetzt bei www.GRIN.com hochladen und kostenlos publizieren

**Bibliografische Information der Deutschen Nationalbibliothek:**

Die Deutsche Bibliothek verzeichnet diese Publikation in der Deutschen Nationalbibliografie; detaillierte bibliografische Daten sind im Internet über http://dnb.d-nb.de/ abrufbar.

Dieses Werk sowie alle darin enthaltenen einzelnen Beiträge und Abbildungen sind urheberrechtlich geschützt. Jede Verwertung, die nicht ausdrücklich vom Urheberrechtsschutz zugelassen ist, bedarf der vorherigen Zustimmung des Verlages. Das gilt insbesondere für Vervielfältigungen, Bearbeitungen, Übersetzungen, Mikroverfilmungen, Auswertungen durch Datenbanken und für die Einspeicherung und Verarbeitung in elektronische Systeme. Alle Rechte, auch die des auszugsweisen Nachdrucks, der fotomechanischen Wiedergabe (einschließlich Mikrokopie) sowie der Auswertung durch Datenbanken oder ähnliche Einrichtungen, vorbehalten.

**Impressum:**

Copyright © 2018 GRIN Verlag
Druck und Bindung: Books on Demand GmbH, Norderstedt Germany
ISBN: 9783668649767

**Dieses Buch bei GRIN:**

https://www.grin.com/document/414049

Sabine Utheß

# Gestaltung des Fremdsprachenunterrichts in der Grundschule

GRIN Verlag

**GRIN - Your knowledge has value**

Der GRIN Verlag publiziert seit 1998 wissenschaftliche Arbeiten von Studenten, Hochschullehrern und anderen Akademikern als eBook und gedrucktes Buch. Die Verlagswebsite www.grin.com ist die ideale Plattform zur Veröffentlichung von Hausarbeiten, Abschlussarbeiten, wissenschaftlichen Aufsätzen, Dissertationen und Fachbüchern.

**Besuchen Sie uns im Internet:**

http://www.grin.com/

http://www.facebook.com/grincom

http://www.twitter.com/grin_com

Sabine Utheß

# Einige Überlegungen zur Gestaltung des Fremdsprachenunterrichts in der Grundschule

Nachfolgend sollen einige Ansatzpunkte für die Verbesserung des Anfängerunterrichts dargestellt werden. Der Beitrag stützt sich in der Hauptsache auf die Erfahrungen erfolgreicher Lehrer, die davon ausgehen, dass die Weichen für hohe Fremdsprachenergebnisse bereits im Anfangsunterricht gestellt werden.

## Einen mündlichen lexikalischen Vorlauf als Voraussetzung für den Schriftspracherwerb schaffen

Mit dem Aneignen der Buchstaben und dem Erfassen ihrer Beziehungen zu den konkreten Lauten im gesprochenen Wort erwerben die Kinder eine der wichtigsten Voraussetzungen sowohl für das Lesen und Schreiben als auch für das Lernen von Lexik und Grammatik und damit der Fremdsprache überhaupt. Es gehört deshalb zu den wesentlichen Aufgaben in der Grundschule, die Kinder zu befähigen, die Buchstaben sicher und geläufig - um nicht zu sagen automatisiert - zu identifizieren und ihnen die entsprechenden Laute zuzuordnen sowie auch umgekehrt die Laute (genauer Phoneme) aus Wörtern herauszuhören und diese Buchstaben zuzuordnen und als solche schriftlich zu fixieren.

Bei der Ausbildung der Laut-Buchstabe-Beziehungen kann und muss sich der Fremdsprachenunterricht in erheblichem Maße auf die Vorleistungen des Muttersprachunterrichts stützen. Das heißt aber nicht, dass die im muttersprachlichen Fibellehrgang vermittelten Laut-Buchstabe-Beziehungen einfach als bereits „angeeignet" übernommen werden können. Wie die Praxis zeigt, ist zur Erlangung der sogenannten Buchstabensicherheit eine Vielzahl von Übungen auf einer fremdsprachigen Materialbasis erforderlich. Daher ist es unerlässlich, vor Beginn des Schriftspracherwerbs - in einer Art mündlichem Vorkurs - schon eine größere Menge lexikalischer Einheiten zu vermitteln, auf der dann die Übungen zu den Laut-Buchstabe-Beziehungen aufgebaut werden können.

Das sind zum Beispiel
- Übungen im Ermitteln von Wörtern (Abbildungen) mit gleichem Anlaut, Auslaut usw. (Welche Wörter fangen wie das Wort „..." an?)
- Übungen im Zuordnen von Wörtern (auch als Abbildungen) zu Buchstaben
- Übungen im Erkennen, Austauschen oder Ergänzen von Buchstaben in Wörtern
- Übungen im Auf- und Abbau von Wörtern, Bilden von Wörtertürmen und Wörterketten
- Wörterdomino, Buchstabenwürfeln, Buchstabenquartett
- das Wörtersammeln in Mini-Merker-Heften nach unterschiedlichen Kriterien

Kinder, die keinen hinreichenden Vorlauf in der mündlichen Beherrschung von Wörtern und Wendungen haben, sind nicht in der Lage, derartige Übungen zu absolvieren, was zwangsläufig zu Qualitätsverlusten in der Beherrschung der Schriftsprache führt.

## Ausgleichsstrategien im Hörverstehen entwickeln

Über die Entwicklung des Hörverstehens ist bereits sehr viel geschrieben worden. Deshalb soll an dieser Stelle nur ein besonderer Aspekt der Könnensentwicklung weiter ausgeführt werden. Es handelt sich um den Erwerb spezifischer fremdsprachlicher Fähigkeiten, die unterschiedlich - als kompensatorische Fähigkeiten, als Umgehungs- oder Ausgleichsstrategien - bezeichnet werden.

Es muss davon ausgegangen werden, dass die Menge der im Gesamtlehrgang anzueignenden Sprachmittel zwar aus der Sicht des Lehrens und Lernens sehr groß ist, jedoch nur einen sehr kleinen Teil des Sprachmaterials ausmacht, das in der lebenspraktischen Kommunikation gebraucht wird. So beträgt sie nur einen Bruchteil dessen, was das Kind in der Muttersprache verwendet. Das wird allein schon dadurch deutlich, dass die Wörter, die unsere Schülerinnen und Schüler bis zur zehnten Klasse in der Fremdsprache lernen sollen, der Zahl nach etwa dem Wortschatz eines dreijährigen Kindes entsprechen. In ihrer Muttersprache beherrschen die Schülerinnen und Schüler etwa 15.000 Wörter produktiv und etwa 100.000 Wörter rezeptiv. Um nun in der Lebenspraxis - ungeachtet der eingeschränkten Möglichkeiten - doch entsprechend den eigenen Äußerungsabsichten und Informationsbedürfnissen fremdsprachig kommunizieren zu können, müssen bei den Lernenden Fähigkeiten ausgebildet werden, die es ihnen beim Hören beispielsweise ermöglichen, die fremdsprachige Rede auch dann im Großen und Ganzen zu verstehen, wenn diese unbekannte Sprachmittel enthält.

So sind die Schülerinnen und Schüler zu befähigen, unverstandene Wörter, Wortverbindungen und Sätze durch logisches Schließen aus dem Kontext und intuitive Prozesse simultan zu ergänzen und auf diese Weise trotz Lücken im Sprachverstehen den Inhalt im Wesentlichen zu erfassen.

Die Ausbildung der genannten Fähigkeiten ist ein komplizierter Prozess. In allen Klassenstufen muss systematisch daran gearbeitet werden. Im Anfangsunterricht kommt es hierbei auf folgendes an:

So früh wie möglich sollten schon umfangreichere **Höraufgaben** gestellt werden, bei deren Realisierung sich die Kinder wie in der Kommunikationspraxis anstrengen müssen, um den Sinngehalt der Äußerungen „mitzubekommen", bei denen sie, auch wenn streckenweise nicht alles verstanden wird, nicht „aufgeben" dürfen und - wenn sie den „roten Faden" einmal verloren haben - versuchen, wieder „hineinzukommen", ihn wieder zu finden. Nur in solchen Anforderungssituationen lernen die Kinder, sich in erforderlichem Maße zu konzentrieren, die notwendigen Willensanstrengungen aufzubringen.

In diesem Zusammenhang ist es absolut unerlässlich, die speziell entwickelten **auditiven und audiovisuellen Unterrichtsmittel** noch konsequenter als bisher zu nutzen. Der Einsatz von **unterschiedlichen Originalsprechern** erleichtert unter anderem die Gewöhnung der Kinder an verschiedene Stimmen und Sprechweisen, verhindert, dass sie sich einseitig auf ihre Lehrerin oder ihren Lehrer „einhören", fördert so die Vorbereitung auf lebenspraktische Hörsituationen.

Eine wesentliche Reserve besteht darin, in höherem Maße als bisher die **Fremdsprache als Unterrichtssprache** (Aufforderungen, Anweisungen, Bitten, Fragen und Antworten sowie zunehmend auch mehrere Sätze umfassende Äußerungen der Lehrkraft einzusetzen. Bei einem weitgehend fremdsprachig geführten Unterricht entfällt das wenig effektive Hin- und Herschalten zwischen Mutter- und Fremdsprache; Konzentrations- und fremdsprachiges Reaktionsvermögen werden geschult.

Schließlich sind **spezielle Komponentenübungen** notwendig, und zwar
• zur Schulung der Differenzierungsfähigkeit: Übungen mit Reimwörtern oder ähnlich klingenden Wörtern   Übungen im „Heraushören" bekannter Wörter aus unbekannten Kontexten
• zur Schulung des operativen Hörgedächtnisses   Übungen im Nachsprechen längerer Wortreihen und Sätze (Arbeit mit „Lawinensätzen")   Übungen im Verstehen von Zahlen, Datums-, Uhrzeit-, Preisangaben usw.
• zur Schulung des Erschließungsmechanismus mit Hilfe des Kontextes oder auf der Grundlage der Ähnlichkeit mit der Muttersprache   Übungen im semantischen Er schließen (Erraten) von Wortgruppen und Sätzen mit einem unbekannten Element   Übungen zum Erschließen unbekannter, der Muttersprache ähnlicher Wörter
• zur Schulung des Ergänzungsmechanismus und der Fortsetzungserwartung (der vor- und rückgreifenden Synthese)   optisch nicht gestützte Ergänzungs- und Vervollständigungsübungen.

## Sprechfreude und Sprechaktivität entwickeln

Im Bereich des Sprechens müssen die Schülerinnen und Schüler ebenfalls lernen, dort, wo die angeeigneten Sprachmittel zur Formulierung ihrer Gedanken nicht ausreichen, Ausgleichsstrategien einzusetzen. Sie müssen in der Lage sein, ihr innersprachliches - meist muttersprachlich entstehendes - Äußerungskonzept so zu vereinfachen, dass es mit den ihnen zur Verfügung stehenden sprachlichen Mitteln im Wesentlichen zu realisieren ist.
Bei der Ausbildung dieser speziellen fremdsprachlichen Fähigkeit zum vereinfachenden „Umkodieren" muttersprachig gefasster Gedanken spielt der Anfängerunterricht eine außerordentlich große Rolle. Weisen doch jüngere Schülerinnen und Schüler allgemein eine größere Kommunikationsbereitschaft als ältere Lerner auf. Im frühen Fremdsprachenunterricht zeigt sich immer wieder, dass die Kinder nach re-

lativ kurzer Zeit des Fremdsprachenlernens in der lebenspraktischen Fremdsprachenkomrnunikation ganz erstaunliche Verständigungsleistungen erbringen können. Sie verhalten sich bei Direktkontakten völlig ungezwungen, äußerst offensiv und initiativ, in der Regel sind sie unbeeindruckt von der Begrenztheit ihrer Fremdsprachenbeherrschung. Es scheint, als erlebten sie die eigenen Kommunikationsleistungen - unabhängig von deren Qualität - fast nur als Erfolg; Misserfolgserleben, z. B. aufgrund des Bewusstwerdens von Sprachdefiziten - wird kaum beobachtet. Dabei gibt es bei jüngeren Lernern wahrscheinlich eine natürliche Neigung, Ausweich- bzw. Ausgleichsstrategien einzusetzen, die sowohl im verbalen als auch im nonverbalen Bereich liegen. Diese natürliche Neigung bzw. Fähigkeit gilt es unbedingt zu bewahren und auszubauen! Worauf kommt es besonders an?

Den Kindern sollten von Anfang an auch solche Sprechaufgaben gestellt werden, die sie tatsächlich **zum Sprechen anregen**, bei denen die Inhalte zum sprachlichen Ausdruck „drängen".

Das müssen Aufgaben sein, bei denen die Schülerinnen und Schüler viel sagen wollen, nach Worten suchen und förmlich darum „ringen", ihre Äußerungsabsichten unter allen Umständen, bei Ausschöpfung sämtlicher verfügbarer Mittel der Fremdsprache, ohne Scheu vor Fehlern, mit Vereinfachung, Reduzierung und Inanspruchnahme sprachlicher Hilfen des Gesprächspartners, zum Teil mit Mimik und Gestik zu realisieren. So wollen die Kinder nicht nur sagen, was für ein Haustier sie haben, sondern zum Beispiel auch, ob das ein Männchen oder Weibchen ist, was es am Tag oder in der Nacht tut, was es alles kann, wie es heißt, wie alt es ist, was es frisst usw. Bei der Realisierung derartiger Sprechleistungen dürfen Fehler, wenn überhaupt, nicht überbewertet werden. Immer wieder gilt es, die Kinder zu ermuntern, ihnen gegebenenfalls „einzuhelfen", Lösungsansätze und „Sprechmut" gebührend anzuerkennen.

Elementare Voraussetzung für die Stimulierung der Sprechfreude ist allerdings, dass alle Kinder und jedes einzelne im Unterricht genügend **Gelegenheit zum Sprechen** erhalten. Hier kann und muss der Anfangsunterricht viel leisten. Und es gibt offensichtlich gerade dabei noch große Reserven.

Analysen ergaben, dass der Lehrer in der Stunde im Durchschnitt fast 20 Minuten spricht (nicht nur in der Fremdsprache), während die Sprechzeit je Schüler im Durchschnitt weit unter 30 Sekunden liegt. Hier ist noch viel Luft nach oben.

Die verhängnisvolle „Kette" Lehrerfrage - Schülerantwort - Lehrerkorrektur - Lehrerbewertung - Lehrerfrage - Schülerantwort ... gilt es unbedingt zugunsten der Sprechhäufigkeit der Kinder zu durchbrechen, indem auf einen Impuls des Lehrers viele verschiedene Reaktionen der Schülerinnen und Schüler erfolgen, indem sie viele verschiedene Antworten geben, selbst mehr Fragen stellen, viel stärker in die Wertung Korrektur, Berichtigung einbezogen werden, indem sich der Lehrer - was das Sprechen betrifft - absichtlich zurückhält.

Formen des individuellen halblauten Sprechens, des paarweisen und gruppenweisen

Arbeitens dürfen nicht fehlen. Will man die Qualität einer Fremdsprachenstunde einschätzen, so sollte die erste Frage lauten: Wie aktiv ist das einzelne Kind in der Stunde geworden?

- Schließlich sind **spezielle Komponentenübungen** zur Ausbildung kompensatorischer Fähigkeiten erforderlich, und zwar
• Übungen im sinngemäßen Übertragen in Verbindung mit der Arbeit an der Lexik (Abdeckung möglichst großer Bedeutungsfelder, z. B.Geschwister → Bruder und Schwester er/sie hat die Zeit verbracht → er/sie war echt cool/stark/toll → sehr gut/na klar/klarer Fall → natürlich
• Übungen im Vereinfachen von Sätzen, z. B. Bevor er/sie spielt, erledigt er/sie die Hausaufgaben → er/sie macht die Hausaufgaben, dann spielt er/sie.
• Übungen im Reagieren auf muttersprachige Sachverhaltsvorgaben, z. B. Frage deinen Gesprächspartner nach seinem Namen, nach seinem Alter, nach seinem Hobby usw.

## Ausbaufähige Ansätze einer synthetischen Lesehaltung entwickeln

Hauptaufgabe des Fremdsprachenunterrichts im Bereich des Lesens ist die Herausbildung einer synthetischen Lesehaltung. Was ist darunter zu verstehen, und in welchem Verhältnis steht diese Aufgabe zu den lebenspraktischen Leseanforderungen?
Ein „Anfänger" liest die ersten fremdsprachigen Texte analytisch und übersetzend. Zwischen der Rezeption der Graphemkomplexe und dem Inhaltsverstehen besteht eine mehr oder weniger große Zeitdifferenz. Diese ist darauf zurückzuführen, dass die einzelnen Sprachzeichen wegen des Fehlens entsprechender Automatismen bewusst analysiert und übersetzt werden müssen, um zum Verständnis zu gelangen. Dieses mittelbare Verstehen ist sehr zeitaufwendig und verhindert oder erschwert zumindest die fließende Sinnentnahme, weil die Aufmerksamkeit des Lesers zu einem großen Teil für die analytisch-übersetzende Wort-für-Wort-Decodierung beansprucht wird. Das das Lesen vorantreibende Motiv, nämlich das Bedürfnis nach neuen und inhaltlich interessanten Informationen, kann kaum zur Wirkung gelangen. Deshalb ist eine rationellere Form des Lesens gefragt. Eine solche ist das synthetische Lesen, das durch ein unmittelbares Verstehen gekennzeichnet ist. Es kommt dadurch zustande, dass die bewusst analysierenden und übersetzenden Vorgänge beim Lesen zugunsten eines komplexen automatischen Erfassens der Sprachzeichen zurücktreten. Die Informationen werden den Zeichen entnommen, ohne dass sich die Leserin/der Leser bewusst Rechenschaft über ihre synthetische Verknüpfung gibt. Der Verstehensprozess wird dabei in erster Linie semantisch gesteuert.
Die Ausbildung des synthetischen Lesens ist allerdings recht anspruchsvoll. Sie ist in der Schule nur in Ansätzen, als eine entsprechende Grundhaltung, erreichbar.
Diese synthetische Lesehaltung muss systematisch, von Beginn des Fremdspra-

chenunterrichts an, entwickelt werden. Welche Konsequenzen ergeben sich daraus für die Unterrichtsgestaltung in der Grundschule?

- Die Anstrengungen müssen verstärkt auf das Erlernen der Buchstabe-Laut-Beziehungen gerichtet werden. Das sichere Perzipieren und Apperzipieren von Graphemen und Graphemfolgen ist die Grundvoraussetzung für jede Form des Lesens überhaupt. Darauf wurde oben bereits eingegangen. Für die Ausbildung sicherer Buchstabe-Laut-Beziehungen besitzt das **laute Lesen** große Bedeutung, ist doch auch beim stillen Lesen die lautliche Umsetzung in Form innerer Phonation nicht unwesentlich am Verstehen beteiligt. Allerdings muss dabei beachtet werden, dass die Wirkung des lauten Lesens auf die Ausbildung einer synthetischen Lesehaltung widersprüchlich ist. Einerseits fördert dieses durch seine positive Wirkung auf die Ausbildung der Buchstabe-Laut-Beziehungen sowie der inneren Phonation den Verstehensprozeß maßgeblich, andererseits kann die innere lautliche Umsetzung aller Zeichen beim stillen Lesen dazu führen, dass das Wort-für-Wort-Lesen nicht überwunden werden kann. Dadurch wird das für das ganzheitliche Erfassen von Sinneinheiten notwendige „verstehende Vorauseilen" verhindert. Eine Steigerung des Lesetempos ist dann nur bedingt möglich. Deshalb sind spezifische Übungen zur Ausprägung der synthetischen Lesehaltung unerlässlich (dazu weiter unten).

- Sobald es das Sprachvermögen der Schüler zulässt, sollen dem Lesen regelmäßig **spezielle Texte** zugrunde gelegt werden. Erfahrene Kollegen weisen in Verbindung mit dem stillen Lesen immer wieder auf die Notwendigkeit hin,
- Neugier weckende Einstimmungen zu geben und abwechslungsreiche Leseaufgaben zu stellen,
- mit Zeitvorgaben zu arbeiten, die die Schüler zur Forcierung des Lesetempos veranlassen, und eine synthetische Lesehaltung gewissermaßen „erzwingen",
- durch textvorbereitende Übungen gegebenenfalls eine für ein vorwiegend synthetisches Lesen zu große Textschwierigkeit zu kompensieren.

Für das Lesen von Texten mit dem Ziel, das inhaltlich Wesentliche zu erfassen, bewährt es sich in der Praxis, den Kindern entsprechende **Leseverfahren** als Schrittfolgen bewusst zu machen. So werden sie zum Beispiel dazu angehalten und schließlich daran gewöhnt,
- zunächst die Aufgabenstellung genau zu erfassen, um zu erkennen, welche Informationen zu erschließen sind,
- sich mit Hilfe leicht erschließbarer Textstellen (z.B. Überschriften, Eigennamen, Zahlenangaben) sowie an Signalwörtern und Formmerkmalen im Text allgemein zu orientieren,
- die Textstellen zu markieren, die die jeweils geforderten Informationen enthalten,
- beim Auftreten unbekannter Lexik zu prüfen, ob das betreffende Wort für die Ge-

winnung von Informationen erschlossen werden muss, ob es auf der Grundlage bekannter Morpheme und mit Hilfe des Kontextes semantisiert werden kann oder ob das Wörterbuch unumgänglich eingesetzt werden muss,
- bei schriftlich in der Muttersprache wiedergegebenem Inhalt zu prüfen, ob die Aussagen dem Sinn und der Form nach der Aufgabenstellung entsprechen.

- Spezielle geistig-fremdsprachige Lesefähigkeiten müssen als Komponenten des komplexen Lesekönnens verstärkt in **besonderen Komponentenübungen** ausgebildet werden. Das betrifft unter anderem die genannten Fähigkeiten,
- Sinneinheiten (Syntagmen, Sätze, Gedankenabschnitte) zunehmend ganzheitlich zu erfassen,
- die Bedeutung unbekannter Wörter auf der Grundlage ihrer Ähnlichkeit mit der Muttersprache, bekannter Morpheme und des Kontextes zu erschließen,
- unbekannte Wörter, die für das Erfassen des inhaltlich Wesentlichen unbedeutend sind, zu übergehen bzw. durch vor- oder rückgreifende Synthese zu ergänzen,
- schwierige Textstellen mit Hilfe von Wort- und Satzanalysen zu erschließen,
- das Wörterbuch rationell und unter Beachtung des Kontextes zu gebrauchen.

In Betracht kommen zur Ausbildung der angeführten Fähigkeiten beispielsweise
- Übungen im Erschließen unbekannter Wörter unter Nutzung von Wortbildungskenntnissen
- Übungen im „Erraten" unbekannter Wörter aus dem Kontext
- Übungen im rationellen Wörterbuchgebrauch
- Übungen im Ergänzen von (ausgelassenen) Wörtern und Wortverbindungen in Sätzen und Texten
- Übungen im raschen Erfassen immer längerer Aussagen oder Aussageteile („Lesefelder")
- Übungen im Vorwegnehmen von Aussagen oder Aussageteilen (Vervollständigen von Sätzen, Bilden von Sätzen mit vorgegebenen Satzanfängen)
- Übungen im raschen Auffinden ausgewählter Wörter, Wortverbindungen oder Säze in einem Text.

# BEI GRIN MACHT SICH IHR WISSEN BEZAHLT

- Wir veröffentlichen Ihre Hausarbeit, Bachelor- und Masterarbeit

- Ihr eigenes eBook und Buch - weltweit in allen wichtigen Shops

- Verdienen Sie an jedem Verkauf

Jetzt bei www.GRIN.com hochladen und kostenlos publizieren